AF483811

Редактор
Гленис Неллист

Перевод с английского
Леонид Ригаль

Дизайн обложки и макета книги
Барбара Борко

Иллюстратор
Молли Миллер

ISBN: 979-8-218-43809-8

Моим детям Силе, Элле, Авелю и Райли.

Научитесь познавать благодать Господа нашего Иисуса Христа, глубоко укоренитесь в любви Божией и постоянно возрастайте в своем общении со Святым Духом.

ИМЯ ЭТОМУ ДАРУ –

СВЯТОЙ ДУХ.

БОГ ЛЮБИТ СВЯТОЙ ДУХ И С РАДОСТЬЮ ДАЕТ ЕГО КАЖДОМУ, КТО ВЕРИТ.

СВЯТОЙ ДУХ - ЭТО
ДРУГ.
ОН ТАКЖЕ МОЖЕТ БЫТЬ И ТВОИМ ДРУГОМ!

У СВЯТОГО ДУХА МНОГО ДРУЗЕЙ.
И У МНОГИХ ДРУЗЕЙ ОН ЖИВЁТ В ИХ СЕРДЦАХ.

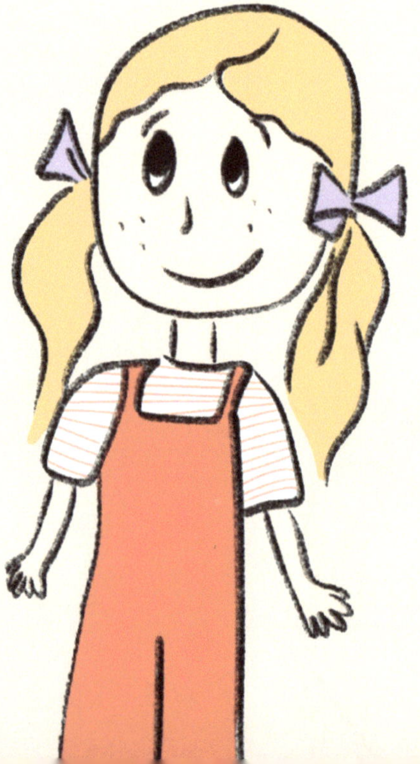

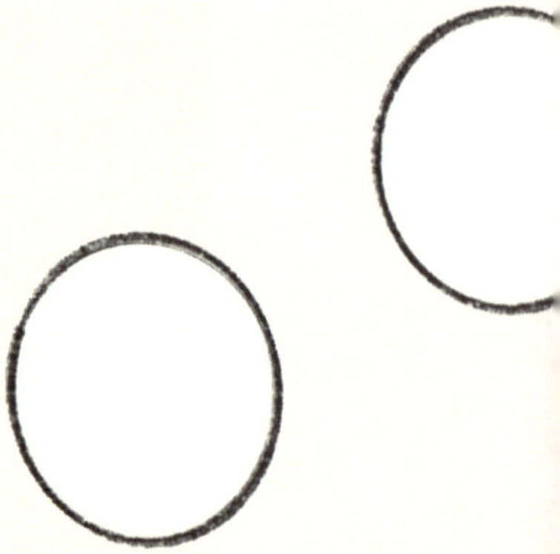

ЕСЛИ ТЫ ТОЛЬКО
ОСТАНОВИШЬСЯ
И ПОДУМАЕШЬ О
НЕМ,

ТЫ ПОЧУВСТВУЕШЬ
ВОКРУГ СЕБЯ
ЕГО СЛАДКОЕ
ПРИСУТСТВИЕ

КАК БОЛЬШИЕ, ТЕПЛЫЕ ОБЪЯТИЯ.

СВЯТОЙ ДУХ - УЧИТЕЛЬ.

ОН ЗНАЕТ ВСЕ

И МОЖЕТ НАУЧИТЬ ТЕБЯ ВСЕМУ.

ОН ТАКЖЕ МОЖЕТ НАПОМНИТЬ

ТЕБЕ О ЧЕМ-ТО, ЧТО ТЫ, ВОЗМОЖНО, ЗАБЫЛ.

ОН ЗНАЕТ МНОЖЕСТВО СЕКРЕТОВ,

ЗНАЕТ ДАЖЕ О БУДУЩЕМ.

СВЯТОЙ ДУХ -

ВДОХНОВИТЕЛЬ.

ОН КАК ТРЕНЕР, КОТОРЫЙ УЧИТ ТЕБЯ БЫТЬ
ЛУЧШИМ ИГРОКОМ КОМАНДЫ,
ЧТОБЫ ТЫ МОГ ПОБЕЖДАТЬ В ИГРЕ.

СВЯТОЙ ДУХ - СОВЕТНИК.

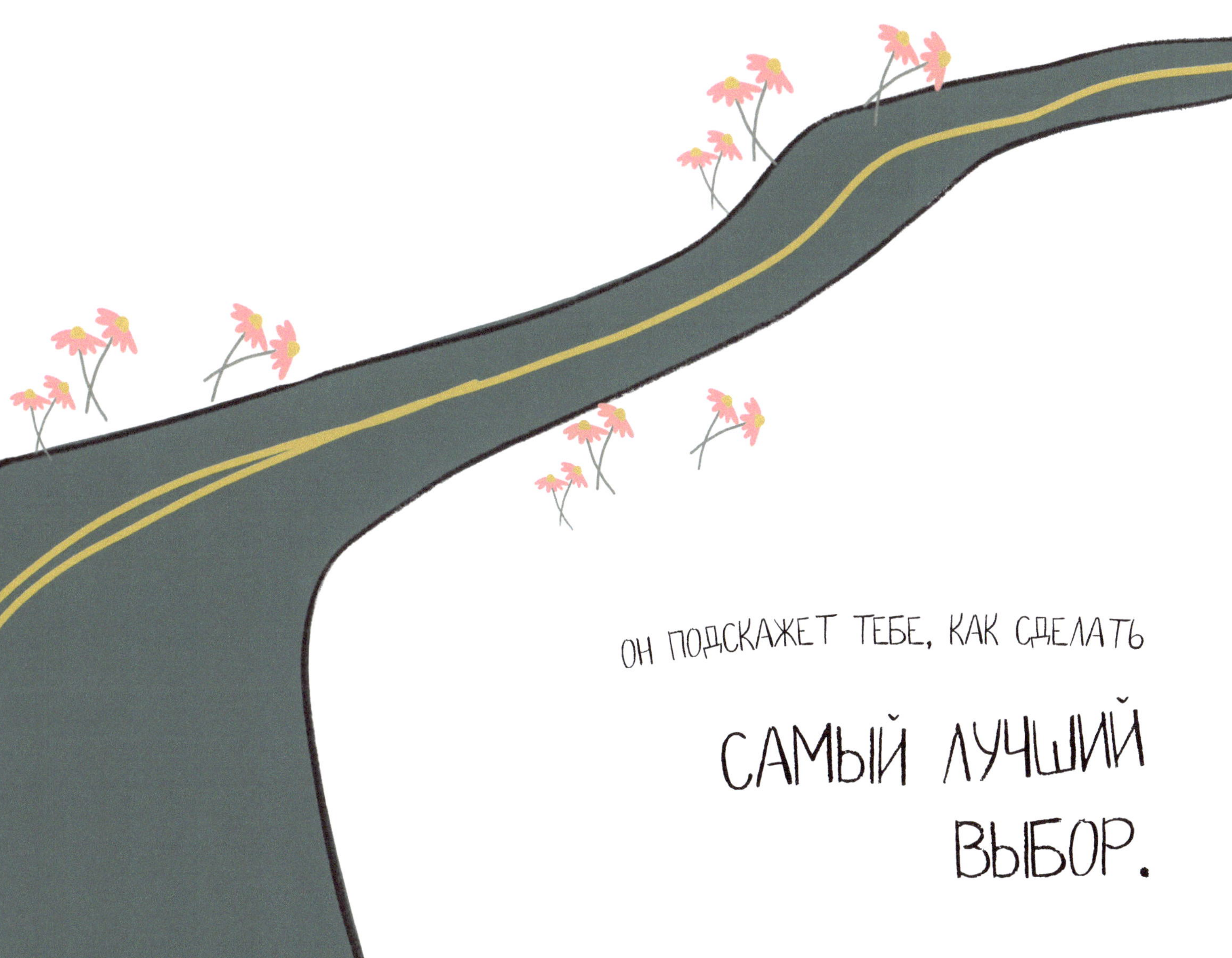

ОН ПОМОГАЕТ ТЕБЕ ОТЛИЧАТЬ ДОБРО
ОТ ЗЛА ГЛУБОКО В ТВОЕМ СЕРДЦЕ.

ОН ПОДСКАЖЕТ ТЕБЕ, КАК СДЕЛАТЬ

САМЫЙ ЛУЧШИЙ
ВЫБОР.

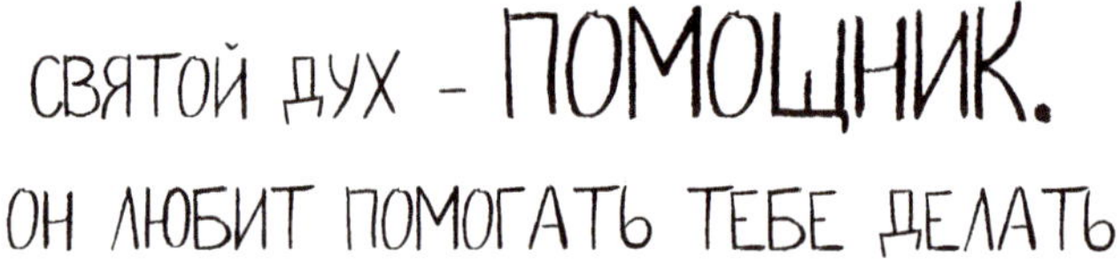

СВЯТОЙ ДУХ - ПОМОЩНИК.
ОН ЛЮБИТ ПОМОГАТЬ ТЕБЕ ДЕЛАТЬ

ВСЕ ДЕЛА,

А ОСОБЕННО САМЫЕ ТРУДНЫЕ.

ОН ДАЕТ ТЕБЕ **ВЛАСТЬ**
и **СИЛУ,**

ЧТОБЫ ВЫПОЛНИТЬ ОСОБУЮ РАБОТУ,
КОТОРУЮ БОГ ПРИГОТОВИЛ ДЛЯ
ТЕБЯ.

СВЯТОЙ ДУХ - УТЕШИТЕЛЬ.
ЕГО СЕРДЦЕ ПОЛНО ЛЮБВИ.

ОН ХОЧЕТ УНЯТЬ ТВОИ СТРАХИ И ВЫТЕРЕТЬ СЛЕЗЫ,
КОГДА ЧТО-ТО НЕ В ПОРЯДКЕ.

ОН ХОЧЕТ НАПОЛНИТЬ
ТВОЕ СЕРДЦЕ
НАДЕЖДОЙ
И ДАТЬ ТЕБЕ МИР.

СВЯТОЙ ДУХ ЛЮБИТ ИИСУСА.
ОН ХОЧЕТ, ЧТОБЫ КАЖДЫЙ ВСТРЕТИЛСЯ С ИИСУСОМ,
И СТАЛ ЕГО ДРУГОМ.

СВЯТОЙ ДУХ ХОЧЕТ ПОМОЧЬ ТЕБЕ
НАУЧИТЬСЯ РАЗГОВАРИВАТЬ С ИИСУСОМ

У СВЯТОГО ДУХА ЕСТЬ МНОГО ПОДАРКОВ,
КОТОРЫЕ ОН МОЖЕТ ДАРИТЬ СВОИМ ДРУЗЬЯМ.

ОН ТОЧНО ЗНАЕТ КАКОЙ ОДИН ИЛИ ДВА ИЗ НИХ БУДУТ ЛУЧШИМИ

ДЛЯ ТЕБЯ.

СВЯТОЙ ДУХ НИКОГДА НЕ ОСТАВИТ ТЕБЯ.

ОН ВСЕГДА БУДЕТ РЯДОМ С ТОБОЙ, ДАЖЕ
ДО КОНЦА ДНЕЙ.

ДОРОГОЙ ГОСПОДЬ,

БЛАГОДАРЮ ТЕБЯ ЗА МОЕГО ДРУГА,

СВЯТОГО ДУХА,

ЗА ДАР, КОТОРЫЙ ПРОДОЛЖАЕТ ДАРИТЬ.

СВЯТОЙ ДУХ -
ТВОЙ ДРУГ
ВСЕГДА РЯДОМ
ТВОЙ УЧИТЕЛЬ
ТВОЙ ВДОХНОВИТЕЛЬ
ТВОЙ СОВЕТНИК
ТВОЙ ПОМОЩНИК
ТВОЙ УТЕШИТЕЛЬ
ДРУГ ИИСУСА
ДАРИТЕЛЬ ПОДАРКОВ
НИКОГДА НЕ ОСТАВИТ

Независимо от того, являетесь ли вы родителями, бабушкой и дедушкой, няней, учителем или кем-то еще, кто заботится о детях, я надеюсь, вы с удовольствием будете читать эту книгу вместе. Вы можете прочитать ее за один присест или читать по одной странице, чтобы уделить время для вопросов, обсуждений, личных примеров и других занятий.

Все вещи лучше всего усваиваются благодаря повторению. Я хочу вдохновить вас не торопиться и позволить Святому Духу руководить вашими беседами, пока вы будете читать страницы этой книги.

Сделайте это личным и актуальным. Поделитесь примерами ситуаций из реальной жизни и наблюдайте, как связь с вашим ребенком (детьми) становится глубже.

Идеи для размышления после прочтения:

* Погрузитесь в Библию и прочитайте об обещанном даре, Святом Духе, и Его характеристиках. См. Иоанна 14:16-18, 26-27; Иоанна 15:26; Иоанна 16:7-15 (посмотрите и изучите различные переводы этих отрывков).

* Молитесь вместе, чтобы соприкоснуться со Святым Духом во всей Его полноте.

* Выберите один из атрибутов Святого Духа и проиллюстрируйте/напишите о нем.

* Идите за рамки книги и обсудите взаимоотношения Триединого Бога, а также другие функции Святого Духа, такие как крещение Святым Духом (Деяния 1:5-8, 2:1-4), плоды Духа (Галатам 5:22-23), дары Духа (1 Коринфянам 12:1-11), семичастный Дух Божий (Исаия 11:2).